**М.Б. Будильцева, Н.С. Н...**
**И.А. Пугачёв, Л.К. С...**

# КОНТРОЛЬНЫЕ ТЕСТЫ

## к курсу «Культура русской речи» для иностранных студентов

**РУССКИЙ ЯЗЫК**
КУРСЫ

МОСКВА
2010

УДК   808.2 (075.8)-054.6
ББК   81.2 Рус-96
      К64

К64      **Контрольные тесты**: к курсу «Культура русской речи» для иностранных студентов / М.Б. Будильцева, Н.С. Новикова, И.А. Пугачёв, Л.К. Серова. — М.: Русский язык. Курсы, 2010. — 56 с.

**ISBN 978-5-88337-222-2**

«Контрольные тесты» являются составной частью учебно-методического комплекса для иностранных студентов «Культура русской речи».

Сборник включает типовые тестовые задания, оценивающие уровень владения иностранными учащимися орфоэпическими, словообразовательными, морфологическими, лексическими и синтаксическими нормами современного русского литературного языка, а также знание функциональных стилей, языковых и внеязыковых особенностей речевого общения в различных коммуникативных ситуациях. Все тестовые задания соотнесены с содержанием основного пособия и образовательного стандарта.

Учебное издание

Будильцева Марина Борисовна
Новикова Наталья Степановна
Пугачёв Иван Алексеевич
Серова Людмила Константиновна

**КОНТРОЛЬНЫЕ ТЕСТЫ**
к курсу «Культура русской речи» для иностранных студентов

Редактор: *М.В. Питерская*
Корректор: *Г.Л. Семёнова*
Оригинал-макет и компьютерная вёрстка: *Е.П. Бреславская*

Формат 70x90/16. Объём 3,5 п. л. Тираж 1000 экз.
Подписано в печать 01.03.10. Заказ № 627

Издательство ЗАО «Русский язык». Курсы
125047, Москва, 1-я Тверская-Ямская ул., д. 18
Тел./факс: +7(495) 251-08-45; тел.: +7(495) 250-48-68
e-mail: ruskursy@gmail.com; rkursy@gmail.com; kursy@online.ru
www.rus-lang.ru

# СОДЕРЖАНИЕ

# ОТ АВТОРОВ

Предлагаемый сборник тестов является составной частью учебно-методического комплекса для иностранных студентов «Культура русской речи». Основная цель сборника — контроль навыков устного и письменного речевого общения, которые вырабатываются у иностранных учащихся после усвоения ими теоретического и практического материала, вошедшего в основной курс.

Сборник включает типовые тестовые задания, оценивающие уровень владения иностранными учащимися орфоэпическими, словообразовательными, морфологическими, лексическими и синтаксическими нормами современного русского литературного языка, а также знание функциональных стилей, языковых и внеязыковых особенностей речевого общения в различных коммуникативных ситуациях. Предлагаемые тесты позволяют получить достаточно объективную оценку подготовки иностранных студентов. Все тестовые задания соотнесены с содержанием основного пособия и образовательного стандарта.

Тесты, представленные в книге, могут быть использованы не только в качестве средства контроля, но и как обучающие (тренировочные) материалы на занятиях по РКИ.

# Тема 1
# РУССКИЙ ЯЗЫК В СОВРЕМЕННОМ МИРЕ

| | | |
|---|---|---|
| 1 | Культура речи — это ____. | (А) изучение языка<br>(Б) владение нормами литературного языка<br>(В) умение читать и говорить на языке |
| 2 | Язык нужен для обмена информацией в процессе общения. Как называется такая функция языка? ____ | (А) эмоциональная<br>(Б) когнитивная<br>(В) коммуникативная |
| 3 | Нелитературная разновидность языка, характерная для определённой территории, — это ____. | (А) жаргон<br>(Б) диалект<br>(В) просторечие |
| 4 | Правила образования и употребления слов и грамматических конструкций называются ____. | (А) языковыми нормами<br>(Б) определениями<br>(В) функциями языка |
| 5 | Знание значений слов относится к ____ нормам. | (А) грамматическим<br>(Б) орфографическим<br>(В) лексическим |
| 6 | Объяснение значения слова можно найти в ____ словаре. | (А) толковом<br>(Б) орфоэпическом<br>(В) орфографическом |
| 7 | К функциональным стилям языка не относится ____. | (А) научный стиль<br>(Б) публицистический стиль<br>(В) авторский стиль |
| 8 | Русский язык входит в ____ семью языков. | (А) финно-угорскую<br>(Б) индоевропейскую<br>(В) тюркскую |

| 9 | Русский язык является ___ языком. | (А) германским<br>(Б) романским<br>(В) славянским |
|---|---|---|
| 10 | К восточнославянским языкам не относится ___. | (А) болгарский<br>(Б) белорусский<br>(В) украинский |
| 11 | Кириллицей называется ___. | (А) русский алфавит<br>(Б) русская грамматика<br>(В) русская литература |
| 12 | Языком межнационального общения Содружества Независимых Государств (СНГ) является ___. | (А) английский<br>(Б) казахский<br>(В) русский |
| 13 | К официальным языкам ООН (Организации Объединённых Наций) не относится ___. | (А) русский<br>(Б) немецкий<br>(В) арабский |
| 14 | Создателем русского национального языка называют ___. | (А) А.С. Пушкина<br>(Б) Петра I<br>(В) М.В. Ломоносова |
| 15 | В русском языке согласные делятся на твёрдые и мягкие. В каком ряду находятся примеры, иллюстрирующие эту особенность? ___ | (А) год — кот<br>(Б) ток — тёк<br>(В) ток — так |
| 16 | Качественное изменение гласных в безударной позиции называется ___. | (А) фонетикой<br>(Б) редукцией<br>(В) произношением |
| 17 | Какую особенность русского языка иллюстрируют примеры: два го́рода — большие города́; нет окна́ — много о́кон? ___ | (А) подвижное ударение<br>(Б) консонантизм<br>(В) смыслоразличительный характер интонации |

| 18 | Какие примеры показывают, что русский язык — флективный? ___ | (А) работать — отработать — заработать <br> (Б) работа — работник <br> (В) работаю — работаешь — работает |
|---|---|---|
| 19 | Флективность относится к ___ особенностям русского языка. | (А) фонетическим <br> (Б) лексическим <br> (В) грамматическим |
| 20 | В каком ряду даны синонимы? ___ | (А) говорить, изучать, понимать <br> (Б) говорить, сообщать, заявлять <br> (В) говорить, слушать, спрашивать |

# Тема 2
# ОРФОЭПИЧЕСКИЕ НОРМЫ

| 1 | Ударение на первый слог падает во всех словах, расположенных в ряду ___. | (А) адрес, агент, арест <br> (Б) лазер, экспорт, сектор <br> (В) номер, статус, конверт |
|---|---|---|
| 2 | Ударение на второй слог падает во всех словах, расположенных в ряду ___. | (А) аналог, симпатия, гипотеза <br> (Б) симметрия, километр, импульс <br> (В) квартал, орбита, паспорт |
| 3 | Ударение на третий слог падает во всех словах, расположенных в ряду ___. | (А) атмосфера, диспансер, конструктор <br> (Б) мотоцикл, монумент, монитор <br> (В) алфавит, экономия, геолог |
| 4 | Первый слог произносится с одним и тем же гласным звуком во всех словах, расположенных в ряду ___. | (А) порядок, проехать, законный <br> (Б) прожектор, заявить, настольный <br> (В) родители, прозрачный, водопровод |

| 5 | Первый слог произносится с одним и тем же гласным звуком во всех словах, расположенных в ряду ___. | (А) ремонтировать, дефицит, переходник<br>(Б) переход, пятачок, невысокий<br>(В) явление, единственный, ежегодно |
|---|---|---|
| 6 | Буква ч произносится как [ш] во всех словах, расположенных в ряду ___. | (А) различный, что-либо, двоечник<br>(Б) нечто, бесконечность, чтобы<br>(В) ничто, нарочно, Ильинична |
| 7 | Слова, оканчивающиеся на глухой согласный звук, образуют ряд ___. | (А) вагон, пожар, атом<br>(Б) метод, вокзал, кредит<br>(В) фронт, экипаж, заказ |
| 8 | Оглушение согласного внутри слова происходит во всех словах, расположенных в ряду ___. | (А) замёрзнуть, резкий, подход<br>(Б) ловкий, монтажник, городской<br>(В) пробка, редко, безвкусный |
| 9 | Озвончение согласного внутри слова происходит во всех словах, расположенных в ряду ___. | (А) свадьба, книжный, искать<br>(Б) воротник, письменный, общество<br>(В) вокзал, молотьба, экзамен |
| 10 | Сочетание двух разных букв читается как один двойной согласный звук во всех словах, расположенных в ряду ___. | (А) разность, бесцветный, рассадить<br>(Б) расчётливый, мужчина, уезжать<br>(В) сжигать, разносчик, сцена |
| 11 | Согласный перед буквой е произносится твёрдо во всех словах-интернационализмах, расположенных в ряду ___. | (А) сканер, детектив, стресс<br>(Б) дезинформация, гипотеза, сервиз<br>(В) менеджер, компетенция, сессия |

| 12 | Согласный перед буквой е про- износится мягко во всех словах- интернационализмах, располо- женных в ряду ___. | (А) деформация, пресса, партер (Б) кратер, демагог, террор (В) крем, дебют, компетентный |
|---|---|---|
| 13 | Согласный перед буквой е может произноситься и твёрдо, и мягко во всех словах-интернационализ- мах, расположенных в ряду ___. | (А) претензия, аккордеон, мо- дель (Б) декларация, патент, шоумен (В) декан, конгресс, сексология |
| 14 | Непроизносимые согласные есть во всех словах, расположенных в ряду ___. | (А) праздничный, агентство, чувствовать (Б) извёстка, путч, сердце (В) звёздный, черстветь, турист- ский |
| 15 | Непроизносимых согласных нет ни в одном из слов, расположен- ных в ряду ___. | (А) страстный, инстинкт, блюдце (Б) психолог, пункт, функциони- ровать (В) субъект, радостный, абсорби- ровать |

# Тема 3–5
# МОРФОЛОГИЧЕСКИЕ НОРМЫ

## Имя существительное

| 1 | В каком ряду все существи- тельные — женского рода? ___ | (А) сталь, уголь, кровь, ночь (Б) жизнь, гель, пыль, любовь (В) модель, лень, степень, сеть (Г) апрель, мышь, янтарь, медаль |
|---|---|---|
| 2 | В каком ряду все существи- тельные — мужского рода? ___ | (А) день, уровень, дверь, пароль (Б) шампунь, постель, месть, рубль (В) слесарь, портфель, зритель, суть (Г) корабль, олень, дикарь, учитель |

| 3 | В каком ряду все существительные — мужского рода? ___ | (А) драконище, домишко, дружище<br>(Б) грязища, голосище, ветрище<br>(В) ручища, умишко, человечище<br>(Г) холодище, скучища, золотишко |
|---|---|---|
| 4 | В каком ряду все существительные — женского рода? ___ | (А) авеню, какаду, мадам<br>(Б) кредо, такси, алиби<br>(В) интервью, мачете, бра<br>(Г) кольраби, салями, миледи |
| 5 | В каком ряду все существительные — мужского рода? ___ | (А) такси, маэстро, ассорти<br>(Б) атташе, хинди, пенальти<br>(В) фламинго, кенгуру, фрау<br>(Г) меню, кофе, рагу |
| 6 | В каком ряду все существительные — среднего рода? ___ | (А) урду, рефери, кашне<br>(Б) ревю, кафе, коммюнике<br>(В) месье, конферансье, мисс<br>(Г) сирокко, суахили, виски |
| 7 | В каком ряду все существительные — общего рода? ___ | (А) умница, ректор, врач<br>(Б) депутат, директор, тупица<br>(В) сирота, обжора, невежа<br>(Г) невежда, судья, маэстро |
| 8 | В каком ряду все существительные, обозначающие профессию или должность, не имеют оценочных и эмоционально-экспрессивных оттенков? ___ | (А) журналистка, врачиха, секретарша<br>(Б) студентка, артистка, писательница<br>(В) директорша, инженерша, поэтесса<br>(Г) спортсменка, профессорша, повариха |
| 9 | В каком ряду все формы множественного числа образованы правильно? ___ | (А) адреса, документы, ректора<br>(Б) учителя, поезда, паспорта<br>(В) слесаря, инспектора, лектора<br>(Г) плееры, прожектора, шофера |

| 10 | В каком ряду все формы множественного числа образованы неправильно? ___ | (А) ордера, токари, сектора<br>(Б) провода, берега, бухгалтера<br>(В) торта, директоры, профессоры<br>(Г) вечера, вектора, договора |
|----|-----|-----|
| 11 | В каком ряду все различия в окончании форм множественного числа связаны с разными значениями слов? ___ | (А) пропуски — пропуска; крем — крема<br>(Б) цвета — цветы; листы — листья<br>(В) поясы — пояса; шофёры — шофера<br>(Г) корпусы — корпуса; векторы — вектора |
| 12 | В каком ряду все существительные употребляются только в единственном числе? ___ | (А) мука, гора, толщина<br>(Б) молодёжь, радость, тело<br>(В) давление, обувь, реализм<br>(Г) гипербола, свежесть, существо |
| 13 | В каком ряду все существительные употребляются только во множественном числе? ___ | (А) часы, ножницы, ключи<br>(Б) документы, сутки, осадки<br>(В) джинсы, помидоры, люди<br>(Г) сливки, духи, консервы |
| 14 | В каком ряду все существительные имеют окончание -у? ___ | (А) на потолк..., на пол..., о лес...<br>(Б) на мост..., в снег..., на берег...<br>(В) о сад..., в угл..., о берег...<br>(Г) о шкаф..., в сад..., в лес... |
| 15 | В каком ряду все существительные требуют только окончания -и/-ы? ___ | (А) требовать забот..., просить тишин...<br>(Б) ждать подруг..., принести вод...<br>(В) приготовить рыб..., взять ручк...<br>(Г) нарезать колбас..., съесть каш... |
| 16 | В каком ряду никакие существительные не могут иметь окончания -а/-я? ___ | (А) требовать терпени..., ждать ответ...<br>(Б) купить билет..., просить слов...<br>(В) дать совет..., принести сыр...<br>(Г) просить стакан..., ждать автобус... № 5 |

## Имя прилагательное

| | | |
|---|---|---|
| 17 | В каком ряду все прилагательные являются качественными? ____ | (А) жадный, письменный, тонкий<br>(Б) полезный, свежий, низкий<br>(В) горячий, вкусный, публицистический<br>(Г) глубокий, городской, простой |
| 18 | В каком ряду все прилагательные согласуются со словом «очень»? ____ | (А) современный, высокий, кухонный<br>(Б) пластиковый, холодный, скромный<br>(В) честный, интересный, узкий<br>(Г) деревянный, умный, смешной |
| 19 | В каком ряду от всех прилагательных можно образовать простую сравнительную степень? ____ | (А) сильный, богатый, вчерашний<br>(Б) широкий, крепкий, дорогой<br>(В) молочный, плохой, молодой<br>(Г) глупый, подземный, дешёвый |
| 20 | В каком ряду ни от каких прилагательных нельзя образовать простую превосходную степень? ____ | (А) лёгкий, бедный, близкий<br>(Б) сложный, светлый, тёплый<br>(В) старый, большой, прекрасный<br>(Г) молодой, родной, узкий |
| 21 | В каком ряду все прилагательные согласуются со словом «гораздо»? ____ | (А) вкуснее, дороже, сухой<br>(Б) тонкий, умнее, звонкий<br>(В) честный, странный, крепче<br>(Г) жарче, тише, толще |
| 22 | В каком ряду все краткие прилагательные отличаются от полных по значению? ____ | (А) прочен, известен, строг<br>(Б) тонок, честен, узок<br>(В) прав, способен, виден<br>(Г) горяч, долог, болен |
| 23 | В каком ряду все прилагательные используются только в краткой форме? ____ | (А) надёжен, беден, вкусен<br>(Б) тяжёл, богат, пуст<br>(В) здоров, высок, труден<br>(Г) рад, готов, должен |

| 24 | В каком предложении все формы прилагательных выбраны правильно? ___ | (А) Этот артист известный во всём мире.<br>(Б) Воздух чист и свеж.<br>(В) Проблема трудна, но интересная.<br>(Г) Книга была так интересная! |
|---|---|---|
| 25 | В каком предложении форма прилагательного «высокий» выбрана правильно? ___ | (А) В университете он получил высочайшее образование.<br>(Б) В университете он получил высшее образование.<br>(В) В университете он получил самое высокое образование.<br>(Г) В университете он получил наивысшее образование. |

## Местоимение

| 26 | В каком ряду все формы местоимений выбраны правильно? ___ | (А) у неё, благодаря им, навстречу ей<br>(Б) навстречу нему, к ним, согласно ей<br>(В) вокруг их, впереди его, на него<br>(Г) с ними, вопреки ней, о них |
|---|---|---|
| 27 | В каком предложении все формы местоимений выбраны правильно? ___ | (А) Мы давно не виделись с им.<br>(Б) Я давно не получал от неё писем.<br>(В) Благодаря ним я успел на поезд.<br>(Г) Впереди их ехал грузовик. |

| 28 | В каком мини-тексте все формы местоимений выбраны правильно? ____ | (А) Андрей поехал на дачу и взял с ним брата. Его брат с удовольствием поехал с ним на дачу. |
|---|---|---|
| | | (Б) Когда я работаю, я всегда кладу ручки и карандаши справа от меня. Слева от меня стоит настольная лампа. |
| | | (В) Директор сейчас у себя, но он занят: у него сидит главный бухгалтер. |
| | | (Г) Когда ребёнок проснулся, он увидел около себя маму. Около себя стояла и бабушка. |
| 29 | В каком мини-тексте все формы местоимений выбраны правильно? ____ | (А) Это Марина, а это её стол. Она положила документы на её стол. Документы лежат на её столе. |
| | | (Б) Андрей рассказал мне о своём брате. У его брата проблемы на работе. |
| | | (В) Лена пригласила нас в её новую квартиру. Нам понравилась её квартира. |
| | | (Г) Он написал мне свой телефон, но я потерял записку со своим телефоном. |
| 30 | В каком предложении допущена ошибка? ____ | (А) Каждый человек мечтает о счастье. |
| | | (Б) В интернете можно найти любую информацию. |
| | | (В) Он знает много всяких анекдотов. |
| | | (Г) Этот журнал можно купить во всяком киоске. |

| 31 | В каком диалоге все формы местоимений выбраны правильно? ____ | (А) — Вы будете что-нибудь пить?<br>— Да, спасибо. Можно какой-то сок?<br>(Б) — Мне кто-нибудь звонил?<br>— Да, звонил какой-то мужчина.<br>(В) — Ты купил какие-нибудь фрукты?<br>— Да, купил какие-нибудь яблоки, не знаю, хорошие или нет.<br>(Г) — Кто-нибудь звонит в дверь! Открой!<br>— Сейчас открою. |
|---|---|---|
| 32 | В каком диалоге все формы местоимений выбраны правильно? ____ | (А) — Вы свободны сегодня вечером?<br>— Нет, я должен с кем-нибудь встретиться.<br>(Б) — Ты узнал что-нибудь об этом семинаре?<br>— Да, я кое-что узнал, сейчас расскажу.<br>(В) — Мне кто-нибудь звонил?<br>— Да, кто-то звонил! Ты удивишься, когда узнаешь кто!<br>(Г) — Ты кое-куда уходишь?<br>— Да, пойду в магазин, нужно кое-что купить. |

## Имя числительное

| 33 | Какое числительное отвечает на вопрос *какой?* ____ | (А) пять студентов <br> (Б) пятеро студентов <br> (В) пятый студент |
|----|-----------------------------------------------------|------------------------------------------------------------------------|
| 34 | Какие числительные изменяются как прилагательные? ____ | (А) количественные <br> (Б) собирательные <br> (В) порядковые |
| 35 | В каком ряду находятся собирательные числительные? ____ | (А) двое, трое друзей <br> (Б) два, три друга <br> (В) второй, третий друг |
| 36 | Мы ждали в аэропорту более ____. | (А) три часа <br> (Б) трёх часов <br> (В) третий час |
| 37 | В киоске мой друг купил ____. | (А) один журнал и одна газета <br> (Б) один журнал и одну газету <br> (В) одного журнала и одной газеты |
| 38 | Я отдыхал ____ недели. | (А) двух <br> (Б) два <br> (В) две |
| 39 | Город Курск находится в ____ километрах от Москвы. | (А) пятьсот двадцать семь <br> (Б) пятисот двадцати семи <br> (В) пятистах двадцати семи |
| 40 | Найдите числовой эквивалент выделенного числительного: «Площадь России равна *семнадцати миллионам семидесяти пяти тысячам двумстам* квадратным километрам». ____ | (А) 17 075 200 <br> (Б) 17 750 200 <br> (В) 17 750 220 |
| 41 | Алюминий плавится при ____ градусах Цельсия. | (А) шестистах шестидесяти <br> (Б) шестьсот шестьдесят <br> (В) шестисот шестидесяти |

| 42 | Какую сумму просит друг, если он говорит: «Одолжи мне, пожалуйста, *полторы тысячи рублей»*? \_\_\_ | (А) 1250<br>(Б) 1050<br>(В) 1500 |
|----|----|----|
| 43 | Он работает здесь не более \_\_\_ лет. | (А) полутора<br>(Б) полтора<br>(В) полторы |
| 44 | Найдите предложение, в котором допущена ошибка. \_\_\_ | (А) У неё трое сыновей.<br>(Б) Я купил двое очков.<br>(В) Я встретил двоих студенток. |
| 45 | Какое предложение составлено правильно? \_\_\_ | (А) Я взял коробку обоими руками.<br>(Б) Обоим студенткам нужно получить книги.<br>(В) В обеих частях работы были ошибки. |
| 46 | Мой друг живёт на \_\_\_ этаже. | (А) двадцать один<br>(Б) двадцать первый<br>(В) двадцать первом |
| 47 | Москва была основана в \_\_\_ году. | (А) тысяче ста сорока седьмого<br>(Б) тысяча сто сорок седьмом<br>(В) тысяча сто сорок седьмой |
| 48 | Мой отец родился \_\_\_ ноября. | (А) двадцать первого<br>(Б) двадцать первое<br>(В) двадцати первого |
| 49 | Я должен сдать работу к \_\_\_ декабря. | (А) двадцать пятого<br>(Б) двадцать пятому<br>(В) двадцать пятое |
| 50 | Сегодня вторник, \_\_\_ января. | (А) пятнадцать<br>(Б) пятнадцатого<br>(В) пятнадцатое |

| 51 | Найдите правильный вариант чтения дробного числительного в предложении: «2/3 группы сдали экзамен хорошо». ___ | (А) два из трёх<br>(Б) два третьих<br>(В) две третьих |
|---|---|---|
| 52 | Найдите слово, в котором допущена ошибка. ___ | (А) сорокалетие<br>(Б) девяносталетие<br>(В) двухсотлетие |

## Глагол

Выберите правильный вариант ответа.

| 53 | Преподаватель обычно подробно ... нам новый материал. Вчера материал был очень трудный, и он ... его два раза. ___ | (А) объяснял, повторял<br>(Б) объяснил, повторил<br>(В) объяснял, повторил<br>(Г) объяснил, повторял |
|---|---|---|
| 54 | За всё лето я ... от него четыре письма. Последнее письмо было очень странное, я ... его три раза, но так ничего и понял. ___ | (А) получал, читал<br>(Б) получил, прочитал<br>(В) получал, прочитал<br>(Г) получил, читал |
| 55 | — Зачем вы ездили в аэропорт? — ___ | (А) Я встретил друга.<br>(Б) Я встречал друга.<br>(В) Я встречался с другом.<br>(Г) Я встретился с другом. |
| 56 | — Что ты делал в субботу? — ___ | (А) Писал реферат и решил задачи.<br>(Б) Написал реферат и решил задачи.<br>(В) Написал реферат и решал задачи.<br>(Г) Писал реферат и решал задачи. |

| 57 | — Вы ... этот фильм, как собирались?<br>— Нет, к сожалению, не ... , не было времени. ___ | (А) посмотрели, смотрел<br>(Б) посмотрели, посмотрел<br>(В) смотрел, смотрел<br>(Г) смотрел, посмотрел |
|---|---|---|
| 58 | — А где мой карандаш? Это ты ... ?<br>— Нет, это не я. Я не ... ! ___ | (А) брал, взял<br>(Б) брал, брал<br>(В) взял, брал<br>(Г) взял, взял |
| 59 | — У вас есть учебник или конспект?<br>— Учебник есть, мне его ... Миша, а конспекта нет, Миша мне его тоже ... , но я ему уже вернул. ___ | (А) давал, давал<br>(Б) давал, дал<br>(В) дал, дал<br>(Г) дал, давал |
| 60 | — А где ты была сегодня днём? Я звонил несколько раз, но никто не брал трубку.<br>— Я ненадолго ... . Я ... часов в 12 и вернулась домой почти в 5. | (А) ушла, уходила<br>(Б) уходила, ушла<br>(В) ушла, ушла<br>(Г) уходила, уходила |
| 61 | ... цветы для Ани, у неё сегодня день рождения. Если можно, не ... хризантемы, она их не любит. ___ | (А) купи, покупай<br>(Б) купи, купи<br>(В) покупай, покупай<br>(Г) покупай, купи |
| 62 | ... эти бумаги на полку. Подожди, не ... на верхнюю полку, там я их не найду. Все документы всегда лежат на нижней полке. ___ | (А) положи, положи<br>(Б) клади, клади<br>(В) положи, клади<br>(Г) клади, положи |
| 63 | ... мне чаю, пожалуйста. Только ... осторожно, чай очень горячий. ___ | (А) наливай, налей<br>(Б) налей, наливай<br>(В) наливай, наливай<br>(Г) налей, налей |
| 64 | Нужно узнать, во сколько прибывает поезд. ... на вокзал, пожалуйста. ... прямо сейчас, потом ты можешь забыть. ___ | (А) звони, позвони<br>(Б) позвони, позвони<br>(В) звони, звони<br>(Г) позвони, звони |

| 65 | ... дома глаголы движения. И вообще я советую: ... глаголы движения каждый день, это трудная тема. ___ | (А) повторите, повторите <br> (Б) повторите, повторяйте <br> (В) повторяйте, повторяйте <br> (Г) повторяйте, повторите |
|---|---|---|
| 66 | Отнеси эту вазу в комнату. Ваза очень дорогая, смотри не ... и не ... ! ___ | (А) роняй, разбивай <br> (Б) урони, разбивай <br> (В) роняй, разбей <br> (Г) урони, разбей |
| 67 | О, как хорошо, что вы зашли к нам в гости! ... , ...! ___ | (А) проходите, разденьтесь <br> (Б) проходите, раздевайтесь <br> (В) пройдите, разденьтесь <br> (Г) пройдите, раздевайтесь |
| 68 | Вот, пожалуйста, меню. ... , ... ! ___ | (А) выбирайте, заказывайте <br> (Б) выбирайте, закажите <br> (В) выберите, закажите <br> (Г) выберите, заказывайте |
| 69 | Давайте ещё ... и ... всё завтра. ___ | (А) подумать, обсудить <br> (Б) думаем, обсудим <br> (В) подумаем, обсудим <br> (Г) думаем, обсуждаем |
| 70 | Ну, все готовы? Давайте ... и ... ! ___ | (А) послушать, написать <br> (Б) слушаем, пишем <br> (В) слушать, написать <br> (Г) слушать, писать |
| 71 | Тут так скользко! Давайте ... медленно! Ой, осторожно, не ... ! ___ | (А) ходить, упади <br> (Б) идти, упади <br> (В) ходить, падай <br> (Г) идти, падай |
| 72 | Володя закончил ... реферат и начал ... к контрольной работе по физике. ___ | (А) написать, готовиться <br> (Б) писать, подготовиться <br> (В) писать, готовиться <br> (Г) написать, подготовиться |

| | | |
|---|---|---|
| 73 | Николай привык ... о подарках на Рождество заранее, но в этом году в декабре он был так занят, что ничего не смог ... . ___ | (А) думать, покупать<br>(Б) подумать, покупать<br>(В) подумать, купить<br>(Г) думать, купить |
| 74 | Вечером нужно ... Виктору и ... , во сколько будет встреча. ___ | (А) звонить, спрашивать<br>(Б) позвонить, спрашивать<br>(В) позвонить, спросить<br>(Г) звонить, спросить |
| 75 | Не нужно ... всё сейчас, можно ... к этому разговору через неделю. ___ | (А) решить, возвращаться<br>(Б) решать, вернуться<br>(В) решать, возвращаться<br>(Г) решить, вернуться |
| 76 | При гриппе не следует ... антибиоти-ки, но нужно ... много жидкости. ___ | (А) принимать, пить<br>(Б) принимать, выпить<br>(В) принять, выпить<br>(Г) принять, пить |
| 77 | Эту книгу можно ... у Антона. Он сказал, что у него всегда можно ... книги. ___ | (А) попросить, взять<br>(Б) попросить, брать<br>(В) просить, брать<br>(Г) просить, взять |
| 78 | Уже без пяти двенадцать! Нужно быстрее ... шампанское! Только нуж-но ... осторожно, шампанское недо-статочно холодное. ___ | (А) открывать, открыть<br>(Б) открывать, открывать<br>(В) открыть, открыть<br>(Г) открыть, открывать |
| 79 | В финансовых документах нельзя ничего ... .<br>К сожалению, нельзя ... все ошибки за один день — их слишком много. ___ | (А) исправить, исправлять<br>(Б) исправить, исправить<br>(В) исправлять, исправить<br>(Г) исправлять, исправлять |

| 80 | Мне кажется, вам стоит ... с адвокатом. В любых сложных ситуациях стоит ... с профессионалом. ____ | (А) советоваться, посоветоваться <br> (Б) советоваться, советоваться <br> (В) посоветоваться, посоветоваться <br> (Г) посоветоваться, советоваться |
|---|---|---|
| 81 | Я думаю, ты должен сегодня ... Андрею. Вообще, ты должен ... ему регулярно и держать его в курсе дела. ____ | (А) звонить, позвонить <br> (Б) позвонить, звонить <br> (В) позвонить, позвонить <br> (Г) звонить, звонить |
| 82 | Я понимаю, что ты хотел бы ... всё с Ириной, но, мне кажется, тебе не стоит это с ней ... . ____ | (А) обсуждать, обсудить <br> (Б) обсуждать, обсуждать <br> (В) обсудить, обсудить <br> (Г) обсудить, обсуждать |
| 83 | Я не хотел бы никому ... об этом проекте, пока работа не закончена. Я хочу ... уже о готовом проекте. ____ | (А) рассказывать, рассказать <br> (Б) рассказать, рассказать <br> (В) рассказать, рассказывать <br> (Г) рассказывать, рассказывать |
| 84 | Студенты не должны ... дома пропуск. <br> Я думаю, что он не должен ... о нашей договорённости: он точно знает, что встреча назначена на десять. ____ | (А) забыть, забыть <br> (Б) забывать, забыть <br> (В) забывать, забывать <br> (Г) забыть, забывать |

**85.** Выберите правильные варианты (варианты ответов даны после текста).

## Волшебные булочки

Мисс Марта была приятная женщина. Ей было сорок лет. У неё был маленький магазин, 2000 долларов в банке и сентиментальное сердце. И ещё у неё была очень большая проблема: она не была замужем и очень хотела (1) мужа. Два-три раза в неделю в её магазин (2) один покупатель. Ему было лет сорок пять, у него были приятные манеры и сильный немецкий акцент. Он всегда (3) две чёрствые булочки. Свежая булочка стоила 5 центов. Чёрствая булочка стоила 2,5 цента. Он покупал только две чёрствые булочки и ничего больше.

Один раз мисс Марта (4) на его руке краску. Она (5), что он художник, он очень бедный, у него совсем нет денег, и поэтому он ест только чёрствые булочки и пьёт только воду.

Утром, когда мисс Марта (6), она всегда грустно думала, что бедный художник сейчас ест чёрствые булочки. Она так хотела, чтобы он мог есть вместе с ней её вкусный завтрак! Как мы уже сказали, у неё было сентиментальное сердце.

Мисс Марта думала, что этот человек художник, но она не была уверена. А она хотела знать точно. Поэтому она начала (7), что делать, и придумала такой план.

У неё в спальне висела картина. Она купила эту картину на аукционе много лет назад. Это был пейзаж в Венеции. Мраморное палаццо, много воды, много света, гондолы на воде... Каждый художник должен был (8) такую картину!

Мисс Марта поставила картину в магазине около кассы. Через два дня покупатель (9) в магазин. Он, как всегда, (10) две чёрствые булочки и сказал:

— Какая у вас красивая картина, мадам!

— Да? — Мисс Марта подумала, какая она умная, и пришла в восторг. — Я так люблю искусство и...

Она хотела (11) «и художников», но не сказала. Потом она спросила:

— Вам нравится эта картина?

Покупатель сказал:

— Тут неправильная перспектива. До свидания, мадам.

Он (12) чёрствые булочки и (13). Мисс Марта подумала: «Какое у него приятное лицо, как хорошо он знает искусство — он посмотрел на картину только один раз и сразу сказал, что перспектива неправильная... И такой человек должен всегда (14) чёрствые булочки? Ах, если бы...»

Мисс Марта купила новое платье и стала (15) в магазин только его. Она приготовила специальный суперкрем, чтобы лицо было белое, и каждый вечер (16) этот крем на лицо. Она привыкла каждую минуту (17) о своём художнике, мысленно (18) с ним...

Однажды покупатель, как всегда, (19) в магазин, дал мисс Марте 5 центов и сказал: «Две чёрствые булочки, пожалуйста». В это время и он, и мисс Марта услышали на улице шум, сирену и увидели, как по улице едет пожарная машина. Покупатель как любой нормальный человек (20) из магазина, чтобы посмотреть, что случилось. Пока покупатель (21), мисс Марта вдруг поняла, что нужно (22)! Она быстро надрезала булочки и положила в каждую из них кусок масла! Ведь даже чёрствая булочка с маслом имеет совсем другой вкус! Когда покупатель вернулся, мисс Марте осталось только (23) булочки в пакет и (24) этот пакет покупателю. Покупатель взял пакет, сказал «спасибо» и ушёл.

Когда он ушёл, мисс Марта вначале была просто счастлива, что ей, наконец, удалось (25) ему свою симпатию, но потом она стала (26): стоило ли это (27)? Может быть, художник подумает, что женщине не следует (28) первый шаг? А может, наоборот? Может, она тоже ему нравится, он поймёт, что она просто устала (29), когда он сделает этот первый шаг...

Весь день она могла думать только об этом. Она работала, обслуживала покупателей, а в голове у неё была только одна мысль: что будет?

После обеда она (30), что в магазин входят два человека. Один был её художник, второй — молодой человек. Мисс Марта видела его первый раз.

Художник был весь красный, он с ненавистью посмотрел на мисс Марту и три раза громко (31):

— Dummkopf! Dummkopf! Dummkopf!

Молодой человек сказал:

— Не надо, пойдём домой!

Но художник сказал:

— Я не хочу (32) домой! Я хочу ей всё (33)! Вы наглая старая кошка!

Мисс Марта была в ужасе. Она смотрела на него и ничего не понимала.

— Пойдём, вы уже всё сказали! Достаточно! — сказал молодой человек.

Он (34) художника за плечо, и они (35) из магазина. Через минуту молодой человек вернулся в магазин один. Он сказал мисс Марте:

— Не (36) на его слова! И извините его, он очень расстроен. Вы, как мне кажется, не понимаете, что случилось. Дело в том, что этот человек — архитектор, мой коллега. Он три месяца (37) проект здания новой мэрии. Он (38) этот проект для конкурса. Вы, наверное, не знаете, что сначала проекты делают карандашом, а потом нужно убрать карандашные линии. И лучше всего убирает следы карандаша чёрствый хлеб. Поэтому он регулярно (39) у вас чёрствые булочки. Вчера вечером проект был почти готов, нужно было только чуть-чуть (40) карандаш. А сегодня ваше масло... Вы понимаете... Извините...

И молодой человек (41). Мисс Марта пошла в спальню, сняла новое платье и надела старое. Потом она взяла свой суперкрем и бросила его в мусорный пакет.

*(По О. Генри)*

| | | | | | |
|---|---|---|---|---|---|
| 1 | (А) находить<br>(Б) найти | 15 | (А) надевать<br>(Б) надеть | 29 | (А) ждать<br>(Б) подождать |
| 2 | (А) пришёл<br>(Б) приходил | 16 | (А) нанесла<br>(Б) наносила | 30 | (А) видела<br>(Б) увидела |
| 3 | (А) покупал<br>(Б) купил | 17 | (А) подумать<br>(Б) думать | 31 | (А) повторил<br>(Б) повторял |
| 4 | (А) видела<br>(Б) увидела | 18 | (А) говорить<br>(Б) сказать | 32 | (А) уйти<br>(Б) уходить |
| 5 | (А) подумала<br>(Б) думала | 19 | (А) входил<br>(Б) вошёл | 33 | (А) говорить<br>(Б) сказать |
| 6 | (А) завтракала<br>(Б) позавтракала | 20 | (А) вышел<br>(Б) выходил | 34 | (А) взял<br>(Б) брал |
| 7 | (А) подумать<br>(Б) думать | 21 | (А) вышел<br>(Б) выходил | 35 | (А) вышли<br>(Б) выходили |
| 8 | (А) заметить<br>(Б) замечать | 22 | (А) делать<br>(Б) сделать | 36 | (А) рассердитесь<br>(Б) сердитесь |
| 9 | (А) пришёл<br>(Б) приходил | 23 | (А) положить<br>(Б) класть | 37 | (А) готовил<br>(Б) приготовил |
| 10 | (А) просил<br>(Б) попросил | 24 | (А) отдавать<br>(Б) отдать | 38 | (А) готовил<br>(Б) приготовил |
| 11 | (А) говорить<br>(Б) сказать | 25 | (А) показывать<br>(Б) показать | 39 | (А) покупал<br>(Б) купил |
| 12 | (А) взял<br>(Б) брал | 26 | (А) думать<br>(Б) подумать | 40 | (А) убирать<br>(Б) убрать |
| 13 | (А) ушёл<br>(Б) уходил | 27 | (А) сделать<br>(Б) делать | 41 | (А) ушёл<br>(Б) уходил |
| 14 | (А) есть<br>(Б) съесть | 28 | (А) сделать<br>(Б) делать | | |

## Наречие

Выберите правильный вариант ответа.

| 86 | Вчера мы были в Эрмитаже. ... мы посетили Русский музей. Нам всё очень понравилось. Нашему другу Антону, который ... ходил с нами, ... всё понравилось. ____ | (А) тоже, также, тоже<br>(Б) также, тоже, тоже<br>(В) тоже, тоже, также<br>(Г) тоже, также, также |
|---|---|---|
| 87 | Последнее время он ... работает и, конечно, ... устал. ____ | (А) очень, много<br>(Б) много, много<br>(В) много, очень<br>(Г) очень, очень |
| 88 | Когда я увидел его, я ... удивился. Он ... изменился со времени нашей последней встречи. ____ | (А) очень, много<br>(Б) много, много<br>(В) много, очень<br>(Г) очень, очень |
| 89 | Вы ... правы! Как вы и сказали, он ... забыл о нашем разговоре и ... не понимает, что случилось. ____ | (А) совсем, совсем, совершенно<br>(Б) совершенно, совсем, совершенно<br>(В) совсем, совершенно, совершенно<br>(Г) совсем, совершенно, совсем |
| 90 | — Вы не ... устали? Может, ... на сегодня?<br>— Да нет, я ... не устал! Давайте продолжим! ____ | (А) достаточно, слишком, совсем<br>(Б) слишком, достаточно, совсем<br>(В) совсем, слишком, достаточно<br>(Г) совсем, достаточно, слишком |

## Предлоги, частицы, междометия

| 91 | Я потерял пуговицу ... пальто. Теперь мне придётся купить новые пуговицы ... этого пальто. Завтра я пойду в магазин... пуговицами. ____ | (А) для, от, за<br>(Б) от, для, за<br>(В) за, для, для<br>(Г) от, для, для |
|---|---|---|

| | | |
|---|---|---|
| 92 | Где моя ручка? Я положил её сюда ровно ... пять минут, и её уже нет! Кто ... пять минут мог её взять? Колпачок ... ручки лежит, а самой ручки нет! ___ | (А) за, на, от<br>(Б) для, за, от<br>(В) на, за, для<br>(Г) на, за, от |
| 93 | Нам придётся перенести встречу ... понедельник: завтра утром я лечу в Киев ... три дня. Я уже купил билет ... самолёт. ___ | (А) на, для, на<br>(Б) за, на, для<br>(В) на, на, на<br>(Г) на, за, для |
| 94 | Сколько я вам должен ... эту книгу? Кстати, как фамилия художника, который делал ... неё иллюстрации? ___ | (А) для, за<br>(Б) за, для<br>(В) на, за<br>(Г) для, для |
| 95 | Вы поедете работать в Париж ... полгода? Я очень рад ... вас! А там нужно разрешение ... работу? ___ | (А) для, за, для<br>(Б) на, за, для<br>(В) на, за, на<br>(Г) на, для, за |
| 96 | Мы пригласили друзей ... ужин, поэтому мне надо быстро, часа ... два убрать квартиру и приготовить ... гостей мой фирменный салат. ___ | (А) за, на, для<br>(Б) на, за, для<br>(В) на, на, за<br>(Г) для, за, для |
| 97 | В какой фразе перестановка частицы не меняет её смысл? ___ | (А) Ведь ты знаешь, что случилось вчера.<br>(Б) Даже ты не знаешь, что случилось.<br>(В) Он якобы забыл все деньги дома.<br>(Г) Только он забыл все деньги дома. |

| 98 | В какой фразе использование частицы придаёт оттенок удивления и недоверия? ___ | (А) Разве вы не знали об этом?<br>(Б) Неужели вы не знали об этом?<br>(В) Как хорошо сегодня!<br>(Г) Интересно, придёт ли он завтра? |
|---|---|---|
| 99 | В каком ряду междометие выражает побуждение? ___ | (А) Ой, как больно!<br>(Б) Вон! И больше сюда не приходи!<br>(В) Ух ты, как много книг!<br>(Г) Ага! Всё получилось! |
| 100 | В каком ряду междометие выражает сожаление? ___ | (А) Эй, ты меня слышишь?<br>(Б) Ох, как болит спина!<br>(В) Увы! Мы так и не встретились.<br>(Г) Ну и ну! Почему ты так поздно? |

## Тема 6

# СЛОВООБРАЗОВАТЕЛЬНЫЕ НОРМЫ

| 1 | Существительные со значением действия, процесса или результата образуются с помощью суффикса -к- от всех глаголов, расположенных в ряду ___. | (А) летать, строить, связать<br>(Б) разработать, оценить, загрузить<br>(В) встречать, находить, защищать |
|---|---|---|
| 2 | Существительные со значением действия, процесса или результата образуются с помощью суффиксов -ани-, -ени- от всех глаголов, расположенных в ряду ___. | (А) вызывать, образовать, описать<br>(Б) улучшить, изобрести, наладить<br>(В) изучить, изменить, использовать |

| 3 | Существительные со значением действия, процесса или результата, имеющие одинаковую модель, образуются от глаголов ряда ___. | (А) вынести, вывести, провести<br>(Б) занять, развить, открыть<br>(В) заботиться, тренироваться, отказаться |
|---|---|---|
| 4 | Несколько существительных, имеющих разное значение, можно образовать от всех глаголов ряда ___. | (А) показать, строить, записать<br>(Б) спасать, обсуждать, выражать<br>(В) заменить, ускорить, принять |
| 5 | Лицо, принадлежащее к какой-либо профессии или производящее какое-либо действие, обозначают все существительные ряда ___. | (А) правитель, осветитель, очиститель<br>(Б) сочинитель, зритель, показатель<br>(В) хранитель, пользователь, последователь |
| 6 | Научным понятием, термином, названием вещества или прибора являются все существительные ряда ___. | (А) взрыватель, заместитель, указатель<br>(Б) разрушитель, отражатель, испытатель<br>(В) двигатель, выключатель, делитель |
| 7 | Одушевлённые существительные, обозначающие профессию, род занятий или лицо, производящее какое-либо действие, образуют ряд ___. | (А) аналитик, грузовик, крановщик<br>(Б) проводник, докладчик, заказчик<br>(В) компьютерщик, приёмник, каменщик |
| 8 | Неодушевлённые существительные, обозначающие бытовые предметы, образуют ряд ___. | (А) спутник, техник, гардеробщик<br>(Б) садовник, вкладчик, мясник<br>(В) холодильник, автоответчик, кофейник |

| | | |
|---|---|---|
| 9 | Существительные женского рода, обозначающие профессию или должность и не имеющие оценочных и эмоционально-экспрессивных оттенков, образуются от всех существительных мужского рода в ряду ____. | (А) переводчик, журналист, певец<br>(Б) изобретатель, строитель, редактор<br>(В) директор, кассир, секретарь |
| 10 | Абстрактные существительные, обозначающие признаки, свойства, образуются с помощью суффикса -ость от всех прилагательных ряда ____. | (А) новый, красивый, твёрдый<br>(Б) тяжёлый, ясный, широкий<br>(В) хрупкий, влажный, упругий |
| 11 | Абстрактные существительные, обозначающие признаки, свойства, образуются с помощью суффикса -от- от всех прилагательных ряда ____. | (А) тёплый, толстый, мягкий<br>(Б) простой, полный, долгий<br>(В) частый, высокий, сложный |
| 12 | Абстрактные существительные, обозначающие признаки, свойства, образуются с помощью суффикса -ин- (-изн-) от всех прилагательных ряда ____. | (А) быстрый, белый, глубокий<br>(Б) гордый, свежий, крепкий<br>(В) кривой, тихий, крутой |
| 13 | Существительное с интернациональной основой является лишним в ряду ____. | (А) конкурент, претендент, оппонент<br>(Б) конкурсант, докторант, практикант<br>(В) ассистент, процент, пациент |
| 14 | Существительное с интернациональной основой является лишним в ряду ____. | (А) дирижёр, стажёр, вояжёр<br>(Б) редуктор, кондуктор, рефлектор<br>(В) инспектор, оратор, диктатор |

| 15 | Прилагательные образуются с помощью суффикса -**н**- от всех существительных, расположенных в ряду ____. | (А) наука, общество, мораль<br>(Б) дорога, ночь, река<br>(В) премия, учёба, закон |
|----|---|---|
| 16 | Чередование последней согласной корня имеет место при образовании прилагательных от всех существительных, расположенных в ряду ____. | (А) секрет, праздник, друг<br>(Б) рука, успех, бумага<br>(В) влага, весна, облако |
| 17 | Прилагательные образуются с помощью суффикса -**ск**- от всех существительных, расположенных в ряду ____. | (А) завод, город, директор<br>(Б) исследователь, диплом, программа<br>(В) теория, практика, методика |
| 18 | Два прилагательных, различных по значению, образуются от каждого существительного в ряду ____. | (А) удача, смерть, ум<br>(Б) звук, класс, труд<br>(В) мир, язык, дело |
| 19 | Два прилагательных, различных по значению, образуются от каждого существительного в ряду ____. | (А) история, геология, фонетика<br>(Б) графика, философия, грамматика<br>(В) логика, органика, экология |
| 20 | Приставка **пере**- имеет значение «сделать ещё раз» во всех глаголах ряда ____. | (А) переработать, переписать, переспросить<br>(Б) переставить, передумать, пересесть<br>(В) переехать, пережить, пересмотреть |
| 21 | Приставка **по**- имеет значение «немного», «недолго» во всех глаголах ряда ____. | (А) покурить, поставить, подумать<br>(Б) поправить, побыть, посмотреть<br>(В) поработать, пожить, погулять |

| 22 | Приставка **за**- имеет значение начала действия во всех глаголах ряда ___. | (А) записать, заработать, заслушать <br> (Б) заплакать, задумать, занять <br> (В) заговорить, закурить, закричать |
|---|---|---|
| 23 | Приставка **про**- придаёт значение начатого и полностью выполненного действия всем глаголам ряда ___. | (А) продумать, проехать, прожить <br> (Б) провести, продать, проучить <br> (В) проговорить, прописать, проработать |
| 24 | Приставки **с**- (**со**-) и **раз**- (**разо**-), **рас**- имеют антонимичное значение в парах глаголов, производных от глаголов ряда ___. | (А) брать, ставить, вести <br> (Б) жечь, крыть, давать <br> (В) писать, считать, двигать |
| 25 | Производные глаголы с приставкой **раз**- (**разо**-), **рас**- и возвратной частицей -**ся** (-**сь**) образуются от всех глаголов ряда ___. | (А) править, учить, расти <br> (Б) брать, вести, служить <br> (В) петь, строить, радовать |

## Тема 7
# ЛЕКСИЧЕСКИЕ НОРМЫ

| 1 | Этот прибор ___ огромной мощностью. | (А) овладевает <br> (Б) обладает <br> (В) владеет |
|---|---|---|
| 2 | Студенты постепенно ___ навыками быстрого чтения. | (А) обладают <br> (Б) овладевают <br> (В) владеют |
| 3 | Извините, но мы не ___ нужной вам информацией. | (А) обладаем <br> (Б) овладеваем <br> (В) владеем |

| 4 | Я прочитал рассказ, который ____ мне о прошлом. | (А) вспомнил <br> (Б) запомнил <br> (В) напомнил |
|---|---|---|
| 5 | Находясь за рулём автомобиля, необходимо ____ правила дорожного движения. | (А) помнить <br> (Б) вспоминать <br> (В) запоминать |
| 6 | ____, пожалуйста, все события прошлого воскресенья. | (А) запомните <br> (Б) вспомните <br> (В) помните |
| 7 | Дети в раннем возрасте быстро ____ большое количество информации. | (А) вспоминают <br> (Б) напоминают <br> (В) запоминают |
| 8 | Если у тебя высокая температура, нужно ____ врача. | (А) позвать <br> (Б) звать <br> (В) вызвать |
| 9 | Это квартира Петровых? ____, пожалуйста, Игоря. | (А) назовите <br> (Б) позовите <br> (В) вызовите |
| 10 | Первого Президента России ____ Борис Ельцин. | (А) звали <br> (Б) называли <br> (В) назывался |
| 11 | В ближайшем будущем ____ важное событие в жизни всей страны. | (А) состоит <br> (Б) составит <br> (В) состоится |
| 12 | Залежи нефти и газа ____ большую часть природных ресурсов этого региона. | (А) состоят <br> (Б) составляют <br> (В) состоятся |
| 13 | В чём ____ оригинальность нового метода исследования? | (А) состоится <br> (Б) состоит <br> (В) составляет |

| | | |
|---|---|---|
| 14 | На Международный конгресс врачей в Москву приглашены ___ и другие специалисты. | (А) американские, французские, немецкие<br>(Б) американцы, французы, немцы |
| 15 | На территории России живут ___ и многие другие национальности. | (А) украинцы, белорусы, татары<br>(Б) украинские, белорусские, татарские |
| 16 | К сожалению, я не ___ пользоваться этим аппаратом. | (А) знаю<br>(Б) умею |
| 17 | Скорость автомобиля не позволила ___ его сразу. | (А) остановить<br>(Б) оставить |
| 18 | Этот элемент редко ___ в природе. | (А) находится<br>(Б) встречается |
| 19 | Во время последнего эксперимента ___ получить интересные результаты. | (А) нам удалось<br>(Б) мы успели |
| 20 | В университете проходит ___ конференция по геологии. | (А) учёная<br>(Б) научная |
| 21 | Молодёжь любит песни этого ___ автора. | (А) народного<br>(Б) популярного |
| 22 | Мы ___ встретиться и вместе закончить эту работу. | (А) договорились<br>(Б) согласились |
| 23 | ___ веса — это грамм или килограмм. | (А) размер<br>(Б) мера |
| 24 | Вычислите ___ этого тела. | (А) размеры<br>(Б) меры |
| 25 | На вчерашней ___ аспирант сделал интересный доклад. | (А) лекции<br>(Б) конференции |
| 26 | Это слово часто ___ в научных текстах. | (А) находится<br>(Б) встречается |

| 27 | На факультетском ___ группа студентов отчиталась о практике. | (А) митинге<br>(Б) собрании |
|----|----|----|
| 28 | Все свои ___ он привык решать сам. | (А) задачи<br>(Б) проблемы |
| 29 | ___ в решении задачи мешает найти правильный ответ. | (А) антагонизм<br>(Б) противоречие |
| 30 | Во время поездки с нами произошёл интересный ___. | (А) случай<br>(Б) инцидент |
| 31 | На защите диссертации ___ профессор Ильин. | (А) оппонировал<br>(Б) возражал |
| 32 | К сожалению, опоздания стали ___ явлением в коллективе. | (А) регулярным<br>(Б) обычным |
| 33 | ___ этого редкого элемента — Не. | (А) знак<br>(Б) символ |
| 34 | В культурном центре завтра состоится ___ новой фотовыставки. | (А) открытие<br>(Б) инаугурация |
| 35 | ___ общежития отвечает за безопасность в здании. | (А) шеф<br>(Б) начальник<br>(В) директор |
| 36 | Во время ___ мы осмотрели музей театра. | (А) перерыва<br>(Б) паузы<br>(В) антракта |
| 37 | Интернационализм употреблён ошибочно в примере ___. | (А) Абонент вносит плату за телефон ежемесячно.<br>(Б) Вода — прекрасный кондуктор звука.<br>(В) Фирма заключила выгодный контракт с новыми партнёрами. |

| 38 | Интернационализм употреблён ошибочно в примере ___. | (А) Микробы атакуют ослабленный организм. <br> (Б) Делегация китайской молодёжи была тепло принята в Москве. <br> (В) Открытие выставки было разрешено авторитетами города. |
|---|---|---|
| 39 | Интернационализм употреблён ошибочно в примере ___. | (А) Это здание проектировали молодые архитекторы. <br> (Б) Интеллигенция этого человека вызывала всеобщее восхищение. <br> (В) Цитаты занимают слишком много места в вашей работе. |
| 40 | Интернационализм употреблён ошибочно в примере ___. | (А) Достигнутые в исследовании успехи пока весьма релятивны. <br> (Б) Информационное сообщение об аварии передали все каналы. <br> (В) Правила приёма в вуз претерпели кардинальные изменения. |
| 41 | Нарушение лексической нормы, связанное с неправильным употреблением паронимов, допущено в словосочетании ___. | (А) экономия денежных средств <br> (Б) военная кампания <br> (В) дипломатичная служба |
| 42 | Нарушение лексической нормы, связанное с неправильным употреблением паронимов, допущено в словосочетании ___. | (А) информационная статья <br> (Б) мировой кризис <br> (В) оплатить проезд |
| 43 | Нарушение лексической нормы, связанное с неправильным употреблением паронимов, допущено в словосочетании ___. | (А) усвоить метод <br> (Б) жить в бедности <br> (В) логичный вывод |

| 44 | Нарушение лексической нормы, связанное с неправильной сочетаемостью слов, допущено в примере ____. | (А) снизить количество изделий<br>(Б) занять первое место<br>(В) проявить живой интерес |
|---|---|---|
| 45 | Нарушение лексической нормы, связанное с неправильной сочетаемостью слов, допущено в примере ____. | (А) возглавить движение<br>(Б) выполнение мечты<br>(В) оказывать воздействие |
| 46 | Нарушение лексической нормы, связанное с неправильной сочетаемостью слов, допущено в примере ____. | (А) играть важную роль<br>(Б) произвести впечатление<br>(В) защитить докторскую степень |
| 47 | Неправильно подобраны синонимы в паре ____. | (А) талантливый — одарённый<br>(Б) контракт — договор<br>(В) корреспонденция — соответствие |
| 48 | Неправильно подобраны синонимы в паре ____. | (А) креативный — творческий<br>(Б) демонстрация — показ<br>(В) цитировать — перечислять |
| 49 | Неправильно подобраны антонимы в паре ____. | (А) натуральный — искусственный<br>(Б) монолитный — разносторонний<br>(В) фиаско — победа |
| 50 | Неправильно подобраны антонимы в паре ____. | (А) деструктивный — созидательный<br>(Б) интеллигентный — глупый<br>(В) константный — изменчивый |
| 51 | Правильное толкование значения фразеологизма «бросать слова на ветер» дано в пункте ____. | (А) быть многословным<br>(Б) быстро забывать сказанное<br>(В) говорить что-либо впустую |

| 52 | Правильное толкование значения фразеологизма «дело в шляпе» дано в пункте ____. | (А) дело забыто<br>(Б) всё хорошо, всё в порядке<br>(В) решение дела зависит от важного человека |
|---|---|---|
| 53 | Правильное толкование значения фразеологизма «ещё не вечер» дано в пункте ____. | (А) ещё очень рано, не надо спешить<br>(Б) ещё есть возможность сделать что-либо, ещё не всё упущено<br>(В) дело ещё не закончено |
| 54 | Правильное толкование значения фразеологизма «ждать у моря погоды» дано в пункте ____. | (А) надеяться на что-либо, ничего не делая, оставаясь пассивным<br>(Б) сомневаться, быть неуверенным<br>(В) ждать приятных новостей |
| 55 | Правильное толкование значения фразеологизма «остаться с носом» дано в пункте ____. | (А) простудиться<br>(Б) потратить время впустую<br>(В) остаться без того, на что надеялся, чего добивался |

# Тема 8
# СИНТАКСИЧЕСКИЕ НОРМЫ

## Словосочетание

| 1 | Раздел грамматики, который изучает законы соединения слов и построения предложений, называется ____. | (А) морфологией<br>(Б) синтаксисом<br>(В) пунктуацией |
|---|---|---|
| 2 | Объединение двух или нескольких слов, которые связаны между собой грамматически и по смыслу, — это ____. | (А) предложение<br>(Б) фраза<br>(В) словосочетание |

| 3 | В русском языке правильное построение словосочетания зависит от выбора ___. | (А) падежа<br>(Б) предлога<br>(В) падежа и предлога |
|---|---|---|
| 4 | Неправильно построено словосочетание ___. | (А) одеть новое пальто<br>(Б) одеть ребёнка<br>(В) надеть пальто на ребёнка |
| 5 | Правильно построено словосочетание ___. | (А) заведующий кафедры<br>(Б) заведующий отдела<br>(В) заведующий лабораторией |
| 6 | В этом году наша компания достигла ___. | (А) хороших результатов<br>(Б) хорошие результаты<br>(В) хороший результат |
| 7 | Когда вы сможете ___ эти счета? | (А) заплатить за<br>(Б) оплатить за<br>(В) оплатить |
| 8 | У нашей команды было большое преимущество ___. | (А) перед соперником<br>(Б) над соперником<br>(В) у соперника |
| 9 | На экзамене студент хорошо отвечал ___. | (А) вопросы профессора<br>(Б) вопросов профессора<br>(В) на вопросы профессора |
| 10 | Явление, когда несколько идущих друг за другом слов имеют форму родительного падежа, в русском языке называется ___. | (А) наращением родительного падежа<br>(Б) усилением родительного падежа<br>(В) построением родительного падежа |
| 11 | Сколько существительных в словосочетании «программа проверки знаний студентов старших курсов» имеют форму родительного падежа? ___ | (А) шесть<br>(Б) пять<br>(В) четыре |

| | | |
|---|---|---|
| 12 | Правильно построено словосочетание ___. | (А) сбор и обмен данных<br>(Б) сбор и обмен данными<br>(В) сбор данных и обмен ими |
| 13 | Неправильно построено словосочетание ___ . | (А) купить и прочитать книгу<br>(Б) купить и пользоваться компьютером<br>(В) купить и использовать билет |
| 14 | В каком словосочетании допущена ошибка? ___ | (А) написать и обменяться работами<br>(Б) написать и сдать работы<br>(В) написать и исправить работы |
| 15 | Я часто расспрашиваю моих друзей ___. | (А) за работу<br>(Б) о работе<br>(В) на работу |
| 16 | Активность очень характерна ___. | (А) новому поколению<br>(Б) у нового поколения<br>(В) для нового поколения |
| 17 | Я знаю, что всегда могу рассчитывать ___. | (А) помощь друзей<br>(Б) на помощь друзей<br>(В) в помощи друзей |
| 18 | Мы с женой всегда рассчитываем ___ на месяц вперёд. | (А) на семейный бюджет<br>(Б) о семейном бюджете<br>(В) семейный бюджет |
| 19 | Дети пришли из театра полные ___. | (А) впечатлений<br>(Б) впечатлениями<br>(В) впечатлениям |
| 20 | Мама налила ребёнку полный стакан ___. | (А) соком<br>(Б) сока<br>(В) сок |

# Предложение

| 1 | Грамматически организованное соединение слов (или слово), которое обладает смысловой и интонационной законченностью, — это ___. | (А) словосочетание<br>(Б) предложение<br>(В) грамматическая конструкция |
|---|---|---|
| 2 | Подлежащее и сказуемое являются ___. | (А) главными членами предложения<br>(Б) обязательными элементами предложения<br>(В) составными частями словосочетания |
| 3 | Определите место подлежащего в предложении «Новые книги студенты могут получить в библиотеке». ___ | (А) в начале<br>(Б) в середине<br>(В) в конце |
| 4 | Определите место подлежащего в предложении «Антонио нужно новое пальто». ___ | (А) в начале<br>(Б) в середине<br>(В) в конце |
| 5 | Для выражения прямого дополнения в русском языке используется ___. | (А) дательный падеж<br>(Б) винительный падеж<br>(В) именительный падеж |
| 6 | В русском языке предложение строится по принципу ___. | (А) данное — новое<br>(Б) новое — старое<br>(В) новое — данное |
| 7 | Скажите, пожалуйста, сколько стоит ___? | (А) эту сумку<br>(Б) эта сумка<br>(В) этой сумки |
| 8 | Неправильно построено предложение ___. | (А) Мне нравится физику.<br>(Б) Я люблю физику.<br>(В) Мне нравится физика. |

| 9 | Двадцать пять ____ на три. | (А) не делятся<br>(Б) не делит<br>(В) не делится |
|---|---|---|
| 10 | В нашей компании ____ девятьсот человек. | (А) работает<br>(Б) работают<br>(В) работали |
| 11 | Двадцать два человека ____ на экскурсию в музей. | (А) поехало<br>(Б) поехали<br>(В) ехало |
| 12 | В каком предложении допущена ошибка? ____ | (А) Большинство сотрудников работают в офисе.<br>(Б) Большинство сотрудников работает в офисе.<br>(В) Большинство работают в офисе. |
| 13 | В каком предложении допущена ошибка? ____ | (А) Мама велела сыну взять свою сумку.<br>(Б) Мама сказала, чтобы сын взял свою сумку.<br>(В) Мама сказала своему сыну, чтобы он взял её сумку. |
| 14 | Форма глагола, которая обозначает дополнительное действие, называется ____. | (А) причастием<br>(Б) деепричастием<br>(В) императивом |
| 15 | Правильно построено предложение ____. | (А) Придя с работы, меня встретила собака.<br>(Б) Вернувшись из театра, у меня зазвонил телефон.<br>(В) Уехав в другой город, он часто звонил мне. |
| 16 | Это моя подруга, ____ зовут Анна. | (А) которая<br>(Б) которую<br>(В) которой |

| 17 | Вчера я встретился с другом, ____ давно не видел. | (А) с которым<br>(Б) который<br>(В) которого |
|---|---|---|
| 18 | Друг подарил мне книгу, ____. | (А) которую называется «Война и мир»<br>(Б) которую он купил вчера<br>(В) которую я его просил |
| 19 | По правилам русского языка слово «который» относится к ____ существительному главного предложения. | (А) ближайшему<br>(Б) любому<br>(В) последующему |
| 20 | Сестра ходила ____, в котором была интересная выставка. | (А) в музей с другом<br>(Б) с другом в музей<br>(В) в музей друга |

## Тема 9

# ФУНКЦИОНАЛЬНЫЕ СТИЛИ, ПОДСТИЛИ РЕЧИ, ЖАНРЫ

| 1 | Понятие «функциональный стиль речи» связано с ____. | (А) функцией языка, характерной для определённой сферы общественной жизни<br>(Б) модой на использование тех или иных языковых средств<br>(В) индивидуальной авторской манерой |
|---|---|---|
| 2 | Каждый функциональный стиль включает ____. | (А) любые языковые средства, способные передать мысль автора<br>(Б) только специально отобранные языковые средства, типичные для данного стиля<br>(В) нейтральные языковые стредства и средства, типичные для данного стиля |

| 3 | Выбор языковых средств в тексте того или иного стиля определяется прежде всего ___. | (А) индивидуальной манерой автора<br>(Б) речевой ситуацией<br>(В) формой речи |
|---|---|---|
| 4 | Речевая ситуация — это ___. | (А) контекст<br>(Б) совокупность условий общения<br>(В) цель общения |
| 5 | Традиционно выделяют ___. | (А) 3 функциональных стиля речи<br>(Б) 5 функциональных стилей речи<br>(В) 6 функциональных стилей речи |
| 6 | Конкретный вид текстов, сохраняющий общие черты того или иного функционального стиля, но при этом имеющий свои композиционно-речевые особенности, — это ___. | (А) подстиль<br>(Б) текст-модель<br>(В) жанр |
| 7 | Резюме — это жанр ___. | (А) официально-делового стиля<br>(Б) научного стиля<br>(В) публицистического стиля |
| 8 | Аналитичность, точность и безличность являются характерными признаками ___. | (А) публицистического стиля<br>(Б) литературно-художественоного стиля<br>(В) научного стиля |
| 9 | Экспрессивно окрашенная лексика и фразеология никогда не употребляются в ___. | (А) публицистическом и научном стилях<br>(Б) научном и официально-деловом стилях<br>(В) литературно-художественном и разговорном стилях |

| 10 | В следующем высказывании говорится о ___ стиле: «Этот стиль используется для освещения и обсуждения актуальных проблем и явлений жизни общества, для влияния на общественное мнение. Ему свойственны простота и доступность. Языковые средства придают речи выразительность и напряжение». | (А) научном<br>(Б) разговорном<br>(В) публицистическом |
|---|---|---|
| 11 | Разговорную окраску имеют слова ряда ___ . | (А) поиск, наблюдение<br>(Б) дедушка, картошка<br>(В) регистрация, адресат |
| 12 | В официально-деловых текстах обычно употребляются слова ряда ___ . | (А) амплитуда, локальный<br>(Б) участник, выборы<br>(В) договор, административный |
| 13 | Для научного текста характерны словосочетания ряда ___ . | (А) густейший снег, предчувствие любви<br>(Б) методы исследования, прийти к выводу<br>(В) действовать по инструкции, протокол заседания |
| 14 | В публицистическом тексте часто встречаются слова ряда ___ . | (А) реквизит, платёж, агент<br>(Б) убедительный, электорат, выступать<br>(В) красавица, немножко, ах |
| 15 | Для литературно-художественного стиля характерны слова ряда ___ . | (А) прощальный взгляд, слушать тишину<br>(Б) смелая инициатива, подвести итоги<br>(В) параллельное соединение, определять параметры |

# Тема 10
## ОФИЦИАЛЬНО-ДЕЛОВОЙ СТИЛЬ РЕЧИ

| | | |
|---|---|---|
| 1 | К официально-деловому стилю не относится жанр ____. | (А) реферат<br>(Б) договор<br>(В) резюме |
| 2 | Зафиксированная на материальном носителе информация с реквизитами, которые позволяют её идентифицировать, — это ____. | (А) программа<br>(Б) документ<br>(В) сообщение |
| 3 | Служебным (официальным) документом не является ____. | (А дневник<br>(Б) приказ<br>(В) деловое письмо |
| 4 | Какой документ является трафаретным? ____ | (А) автобиография<br>(Б) справка<br>(В) объяснительная записка |
| 5 | Обязательными реквизитами, без которых документ теряет юридическую силу, являются ____. | (А) регистрационный номер и печать<br>(Б) наименование вида документа и подпись<br>(В) дата и подпись |
| 6 | Свободная форма изложения возможна ____. | (А) в справке<br>(Б) в объяснительной записке<br>(В) в заявлении |
| 7 | В каком ряду все слова сокращены правильно? ____ | (А) проф., и т д, МГУ<br>(Б) доц., гл. инженер, гор. Москва<br>(В) т. е., рис., 20-метровый |
| 8 | Какой глагол соответствует значению словосочетания «устранить неисправность»? ____ | (А) направить<br>(Б) исправить<br>(В) переправить |

| 9 | Какое словосочетание в официально-деловом стиле соответствует значению глагола «спросить»? ___ | (А) задать вопрос<br>(Б) поднять вопрос<br>(В) предложить вопрос |
|---|---|---|
| 10 | В заявке на ремонт лифта нужно написать: «В нашем здании лифт ___». | (А) вышел из строя<br>(Б) сломался<br>(В) перестал работать |
| 11 | В каком ряду все предлоги требуют существительного в родительном падеже? ___ | (А) ввиду, благодаря, соответственно<br>(Б) вследствие, в течение, по истечении<br>(В) в заключение, согласно, вопреки |
| 12 | Все наши сотрудники действовали согласно ___. | (А) приказа<br>(Б) приказом<br>(В) приказу |
| 13 | Вы можете бесплатно пользоваться этой программой в течение ___. | (А) двух месяцев<br>(Б) два месяца<br>(В) двумя месяцами |
| 14 | Чтобы подчеркнуть нейтральность стиля документа, в русском языке используется ___. | (А) пассивный залог<br>(Б) действительный залог<br>(В) повелительное наклонение |
| 15 | Обсудив все детали договора, ___. | (А) он был подписан<br>(Б) стороны подписали его<br>(В) были внесены изменения |
| 16 | В официально-деловом стиле выражению «дать отпуск» будет соответствовать словосочетание ___. | (А) выделить отпуск<br>(Б) отпустить в отпуск<br>(В) предоставить отпуск |
| 17 | Этикетной формулой обращения в официально-деловом стиле является ___. | (А) Господин Иванов!<br>(Б) Уважаемый господин Иванов!<br>(В) Дорогой Иванов! |

| 18 | Документ, который даёт право на совершение каких-либо действий от лица предприятия или гражданина, — это ___. | (А) доверенность<br>(Б) заявление<br>(В) справка |
|----|---|---|
| 19 | Какой документ пишется в обратном хронологическом порядке? ___ | (А) автобиография<br>(Б) докладная записка<br>(В) резюме |
| 20 | Человек, который получает деньги, документы, ценные вещи и т. д., пишет ___. | (А) записку<br>(Б) расписку<br>(В) служебную записку |

## Тема 11
# РАЗГОВОРНЫЙ СТИЛЬ РЕЧИ

| 1 | Устный деловой разговор надо начинать с ___. | (А) вопроса о семье<br>(Б) обращения и приветствия<br>(В) приглашения сесть |
|----|---|---|
| 2 | Общепринятой формой обращения к преподавателю является ___. | (А) Преподаватель!<br>(Б) Господин ... (фамилия)!<br>(В) Иван Петрович! (имя, отчество) |
| 3 | Общепринятой формой обращения к коллеге является ___. | (А) Пётр! (полное имя)<br>(Б) Петя! (разговорная форма имени)<br>(В) Коллега! |
| 4 | Универсальной формой обращения к незнакомому человеку является ___. | (А) Господин (госпожа)!<br>(Б) Извините (простите)!<br>(В) Мужчина! (Девушка!) |
| 5 | В ресторане или в магазине к официантке или продавщице можно обратиться ___. | (А) Официантка!<br>(Б) Девушка!<br>(В) Госпожа! |

| 6 | В деловом письме общепринятой формой обращения является ____ . | (А) Уважаемый ... (*имя, отчество*)!<br>(Б) Уважаемый ... (*имя, отчество, фамилия*)!<br>(В) Дорогой ... (*фамилия*)! |
|---|---|---|
| 7 | В конце делового письма нужно написать ____ . | (А) Целую, ... (*имя*).<br>(Б) С уважением, ... (*имя, отчество, фамилия*).<br>(В) До скорого! ... (*имя*) |
| 8 | Слово «пожалуйста» употреблено правильно в предложении ____ . | (А) Пожалуйста, скажите, где метро?<br>(Б) Скажите, пожалуйста, где метро?<br>(В) Скажите, где метро, пожалуйста? |
| 9 | В какой ситуации можно спросить о делах собеседника, используя фразу «Как дела?» ____ | (А) в любой ситуации<br>(Б) в разговоре с друзьями<br>(В) в разговоре с начальником |
| 10 | В ответ на вопрос о делах в разговоре с друзьями лучше использовать реплику ____ . | (А) Нормально!<br>(Б) Как вам сказать...<br>(В) Благодарю, всё в порядке! |
| 11 | В начале делового разговора можно поинтересоваться здоровьем собеседника, используя вопрос ____ . | (А) Как самочувствие?<br>(Б) Как ваше здоровье?<br>(В) Как мы себя чувствуем? |
| 12 | В начале делового разговора в ответ на вопрос о здоровье лучше использовать реплику ____ . | (А) Спасибо, хорошо.<br>(Б) Не жалуюсь!<br>(В) Лучше не спрашивайте! |
| 13 | Для установления контакта в начале делового разговора можно ____ . | (А) поговорить о политике<br>(Б) спросить о курсе валют<br>(В) поговорить о погоде |

| 14 | Беседуя о погоде, в деловом разговоре лучше использовать реплику ___. | (А) Ну и погодка!<br>(Б) Вот это жара!<br>(В) Сегодня, кажется, очень жарко! |
|----|----|----|
| 15 | Для комплимента лучше подойдёт фраза ___. | (А) Сегодня вы очень элегантны!<br>(Б) Как вы прекрасно выглядите!<br>(В) В этом костюме вы гораздо моложе! |
| 16 | В ответ на комплимент лучше использовать реплику ___. | (А) Ну что вы!<br>(Б) Очень приятно!<br>(В) Благодарю вас! |
| 17 | Для выражения просьбы в деловом разговоре наиболее подходящей будет реплика ___. | (А) Я хотел бы попросить вас об одолжении...<br>(Б) Большая просьба...<br>(В) Не в службу, а в дружбу... |
| 18 | Отвечая на просьбу, в деловом разговоре лучше использовать реплику ___. | (А) Так и быть!<br>(Б) Ну ладно!<br>(В) Я постараюсь вам помочь. |
| 19 | Для выражения благодарности в ходе деловой беседы наиболее подходящей будет реплика ___. | (А) Огромное вам спасибо!<br>(Б) Благодарствую!<br>(В) Я вам очень благодарен! |
| 20 | Отвечая на благодарность в ходе деловой беседы, лучше использовать реплику ___. | (А) Не за что!<br>(Б) Пустяки!<br>(В) На здоровье! |
| 21 | Выражая извинение во время делового разговора, лучше использовать реплику ___. | (А) Простите, пожалуйста, ...<br>(Б) Виноват, ...<br>(В) Очень прошу меня извинить... |
| 22 | Выслушав извинения во время делового разговора, следует ответить: ___. | (А) Ничего страшного!<br>(Б) Бросьте!<br>(В) Оставьте! |

| 23 | При прощании в деловой обстановке лучше использовать реплику ____. | (А) Всего доброго!<br>(Б) Прощайте!<br>(В) Счастливо! |
|----|----|----|
| 24 | Для выражения сочувствия лучше использовать реплику ____. | (А) Всё понимаю, но ничего не поделаешь!<br>(Б) Я вам очень сочувствую!<br>(В) Мне вас так жаль! |
| 25 | В начале делового телефонного разговора с незнакомым человеком после приветствия необходимо ____. | (А) спросить о здоровье<br>(Б) представиться и назвать цель звонка<br>(В) сразу назвать цель своего звонка |
| 26 | Если вы звоните человеку домой по рабочим вопросам, следует ____. | (А) сразу начать говорить о работе<br>(Б) извиниться, что беспокоите его дома<br>(В) спросить, как у него дела дома |
| 27 | При разговоре через секретаря подозвать человека к телефону следует фразой ____. | (А) Попросите, пожалуйста, Ивана Петровича!<br>(Б) Можно Ивана Петровича?<br>(В) Могу я поговорить с Иваном Петровичем? |
| 28 | Если звонящий представился и сказал, кто ему нужен, лучше всего ответить ему репликой ____. | (А) Я у телефона.<br>(Б) Да, это я.<br>(В) Я вас слушаю. |
| 29 | Если звонящий не представился, следует задать вопрос ____. | (А) А кто это?<br>(Б) Кто звонит?<br>(В) Извините (простите), а с кем я говорю? |
| 30 | При плохой слышимости обычно говорят: ____. | (А) Я плохо слышу, перезвоните!<br>(Б) Вас не слышно, вы не могли бы перезвонить?<br>(В) Ничего не слышно! Повторите, пожалуйста! |

| 31 | Если слушающий не расслышал произнесённое вами имя или трудное слово, вы должны ___. | (А) продиктовать его по буквам, называя вместо каждой буквы имя, начинающееся с этой буквы <br> (Б) произнести его очень громко несколько раз <br> (В) пропеть его |
|----|------|------|
| 32 | При неправильном наборе номера в официальной ситуации лучше использовать реплику ___. | (А) Вы не туда попали! <br> (Б) Таких здесь нет! <br> (В) Вы ошиблись номером! |
| 33 | Если человека, которого просят к телефону, нет на месте, снявшему трубку следует сказать: ___. | (А) Его (её) нет. Ничем не могу вам помочь. <br> (Б) Он ушёл. (Она ушла.) А что вы хотели? <br> (В) Его (её) сегодня не будет. Что ему (ей) передать? |
| 34 | Если человек, которого просят к телефону, скоро вернётся, о нём говорят: ___. | (А) Он вышел. <br> (Б) Он ушёл. <br> (В) Он отошёл. |
| 35 | Заканчивать деловой телефонный разговор нельзя репликой ___. | (А) Всего доброго! До встречи! <br> (Б) Спасибо! До свидания! <br> (В) Счастливо! До скорого! |

# КЛЮЧИ К ТЕСТАМ

## Тема 1
## Русский язык в совремкнном мире

| 1 | Б | 5 | В | 9 | В | 13 | Б | 17 | А |
|---|---|---|---|---|---|----|---|----|---|
| 2 | В | 6 | А | 10 | А | 14 | А | 18 | В |
| 3 | Б | 7 | В | 11 | А | 15 | Б | 19 | В |
| 4 | А | 8 | Б | 12 | В | 16 | Б | 20 | Б |

## Тема 2
## Орфоэпические нормы

| 1 | Б | 4 | А | 7 | В | 10 | Б | 13 | В |
|---|---|---|---|---|---|----|---|----|---|
| 2 | А | 5 | Б | 8 | В | 11 | А | 14 | А |
| 3 | Б | 6 | В | 9 | В | 12 | В | 15 | Б |

## Тема 3–5
## Морфологические нормы

| 1 | В | 10 | В | 19 | Б | 28 | В | 37 | Б |
|---|---|----|---|----|---|----|---|----|---|
| 2 | Г | 11 | Б | 20 | Г | 29 | Б | 38 | В |
| 3 | А | 12 | В | 21 | Г | 30 | Г | 39 | В |
| 4 | Г | 13 | Г | 22 | В | 31 | Б | 40 | А |
| 5 | Б | 14 | Б | 23 | Г | 32 | Б | 41 | А |
| 6 | Б | 15 | А | 24 | Б | 33 | В | 42 | В |
| 7 | В | 16 | Г | 25 | Б | 34 | А | 43 | А |
| 8 | Б | 17 | Б | 26 | А | 35 | В | 44 | В |
| 9 | Б | 18 | В | 27 | Б | 36 | Б | 45 | В |

| 46 | В | 57 | Б | 68 | А | 79 | В | 90 | Б |
|---|---|---|---|---|---|---|---|---|---|
| 47 | Б | 58 | В | 69 | В | 80 | Г | 91 | Б |
| 48 | А | 59 | Г | 70 | Г | 81 | Б | 92 | Г |
| 49 | Б | 60 | Б | 71 | Б | 82 | Г | 93 | В |
| 50 | В | 61 | А | 72 | В | 83 | А | 94 | Б |
| 51 | В | 62 | В | 73 | Г | 84 | Б | 95 | В |
| 52 | Б | 63 | Б | 74 | В | 85 | см. ниже | 96 | Б |
| 53 | В | 64 | Г | 75 | Б | 86 | Б | 97 | А |
| 54 | Б | 65 | Б | 76 | А | 87 | В | 98 | Б |
| 55 | Б | 66 | Г | 77 | Б | 88 | Г | 99 | Б |
| 56 | Г | 67 | Б | 78 | Б | 89 | Б | 100 | В |

**№ 85**

| 1 | Б | 10 | Б | 19 | Б | 28 | Б | 37 | А |
|---|---|---|---|---|---|---|---|---|---|
| 2 | Б | 11 | Б | 20 | А | 29 | А | 38 | А |
| 3 | А | 12 | А | 21 | Б | 30 | Б | 39 | А |
| 4 | Б | 13 | А | 22 | А, Б | 31 | А | 40 | Б |
| 5 | А | 14 | А | 23 | А | 32 | Б | 41 | А |
| 6 | А | 15 | А | 24 | Б | 33 | Б | | |
| 7 | Б | 16 | Б | 25 | Б | 34 | А | | |
| 8 | А | 17 | Б | 26 | А | 35 | А | | |
| 9 | А | 18 | А | 27 | Б | 36 | Б | | |

## Тема 6
## Словообразовательные нормы

| 1 | Б | 6 | В | 11 | Б | 16 | Б | 21 | В |
|---|---|---|---|---|---|---|---|---|---|
| 2 | В | 7 | Б | 12 | В | 17 | А | 22 | В |
| 3 | Б | 8 | В | 13 | В | 18 | Б | 23 | В |
| 4 | А | 9 | А | 14 | Б | 19 | В | 24 | А |
| 5 | В | 10 | В | 15 | Б | 20 | А | 25 | А |

## Тема 7
## Лексические нормы

| 1 | Б | 12 | Б | 23 | Б | 34 | А | 45 | Б |
|----|---|----|---|----|---|----|---|----|---|
| 2 | Б | 13 | Б | 24 | А | 35 | Б | 46 | В |
| 3 | В | 14 | А | 25 | Б | 36 | В | 47 | В |
| 4 | В | 15 | А | 26 | Б | 37 | Б | 48 | В |
| 5 | А | 16 | Б | 27 | Б | 38 | В | 49 | Б |
| 6 | Б | 17 | А | 28 | Б | 39 | Б | 50 | Б |
| 7 | В | 18 | Б | 29 | Б | 40 | А | 51 | В |
| 8 | В | 19 | А | 30 | А | 41 | В | 52 | Б |
| 9 | Б | 20 | Б | 31 | А | 42 | А | 53 | Б |
| 10 | А | 21 | Б | 32 | Б | 43 | А | 54 | А |
| 11 | В | 22 | А | 33 | Б | 44 | А | 55 | В |

## Тема 8
## Синтаксические нормы

### Словосочетание

| 1 | Б | 5 | В | 9 | В | 13 | Б | 17 | Б |
|----|---|----|---|----|---|----|---|----|---|
| 2 | В | 6 | А | 10 | А | 14 | А | 18 | В |
| 3 | В | 7 | В | 11 | В | 15 | Б | 19 | А |
| 4 | А | 8 | А | 12 | В | 16 | В | 20 | Б |

### Предложение

| 1 | Б | 5 | Б | 9 | В | 13 | А | 17 | В |
|----|---|----|---|----|---|----|---|----|---|
| 2 | А | 6 | А | 10 | А | 14 | Б | 18 | Б |
| 3 | Б | 7 | Б | 11 | Б | 15 | В | 19 | А |
| 4 | В | 8 | А | 12 | В | 16 | Б | 20 | Б |

## Тема 9
## Функциональные стили, подстили речи, жанры

| 1 | А | 4 | Б | 7 | А | 10 | В | 13 | Б |
|---|---|---|---|---|---|----|---|----|---|
| 2 | В | 5 | Б | 8 | В | 11 | Б | 14 | Б |
| 3 | Б | 6 | В | 9 | Б | 12 | В | 15 | А |

## Тема 10
## Официально-деловой стиль речи

| 1 | А | 5 | В | 9  | Б | 13 | А | 17 | Б |
|---|---|---|---|----|---|----|---|----|---|
| 2 | Б | 6 | Б | 10 | А | 14 | А | 18 | А |
| 3 | А | 7 | В | 11 | Б | 15 | Б | 19 | В |
| 4 | Б | 8 | Б | 12 | В | 16 | В | 20 | Б |

## Тема 11
## Разговорный стиль речи

| 1 | Б | 8  | Б | 15 | Б | 22 | А | 29 | В |
|---|---|----|---|----|---|----|---|----|---|
| 2 | В | 9  | Б | 16 | В | 23 | А | 30 | Б |
| 3 | А | 10 | А | 17 | А | 24 | Б | 31 | А |
| 4 | Б | 11 | Б | 18 | В | 25 | Б | 32 | В |
| 5 | Б | 12 | А | 19 | В | 26 | Б | 33 | В |
| 6 | А | 13 | В | 20 | А | 27 | В | 34 | А |
| 7 | Б | 14 | В | 21 | В | 28 | В | 35 | В |